8° F Pièce
5196

RÉPUBLIQUE FRANÇAISE

MINISTÈRE DE LA GUERRE.

CAHIER DES CHARGES COMMUNES

DU 27 DÉCEMBRE 1909

pour la fourniture, au service de l'artillerie, de la fonte en gueuses, des mouleries de fonte et du ferro-silicium.

(Mis à jour au 1er janvier 1917.)

Pièce
8° F
5196

PARIS
HENRI CHARLES-LAVAUZELLE
Éditeur militaire
124, Boulevard Saint-Germain, 124

MÊME MAISON A LIMOGES

RÉPUBLIQUE FRANÇAISE

MINISTÈRE DE LA GUERRE.

Direction de l'Artillerie; Bureau du Matériel. — N° 116.

Cahier des charges communes pour la fourniture, au service de l'artillerie, de la fonte en gueuses, des mouleries de fonte et du ferro-silicium.

Documents abrogés : *Néant.*

Classement : *Volume n° 20 du Bulletin officiel, édition méthodique, page 164.*

Paris, le 27 décembre 1909.

Article 1er.

OBJET DU PRÉSENT CAHIER DES CHARGES COMMUNES.

Le présent cahier des charges communes a pour objet de définir les conditions techniques imposées pour la fourniture, au service de l'artillerie, de la fonte en gueuses, des mouleries de fonte et du ferro-silicium.

Il est divisé en huit articles et comprend, en outre, une annexe indiquant les conditions spéciales imposées pour un certain nombre de types de fontes, les plus employés par le service de l'artillerie.

Article 2.

NATURE DES CONDITIONS TECHNIQUES IMPOSÉES.

Les conditions techniques imposées se rapportent à une ou plusieurs des catégories suivantes :

1° Conditions relatives à la composition chimique des produits ;

2° Conditions relatives à leurs propriétés mécaniques ;

3° Conditions spéciales concernant les produits sous leurs diverses formes.

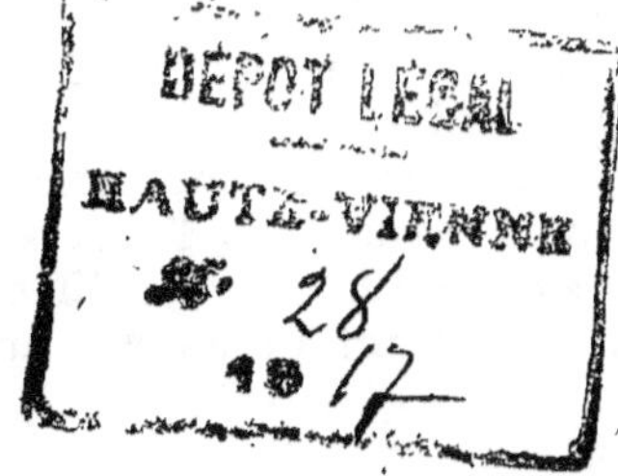

DÉPOT LÉGAL
HAUTE-VIENNE
28
1917

Article 3.

COMPOSITION CHIMIQUE DES PRODUITS.

Lorsque des conditions de composition chimique sont imposées, leur constatation et leur vérification se font ainsi qu'il suit :

Le fournisseur doit donner communication aux agents réceptionnaires des analyses de chacune des coulées composant la fourniture.

Les fournitures de fonte en gueuses sont fractionnées en lots de réception comprenant une ou plusieurs coulées (1), mais dont l'importance ne doit pas dépasser 50 tonnes.

Les lots de réception concernant les mouleries de fonte (2), sont constitués par coulée distincte.

Il en est de même des fournitures de ferro-silicium, sauf l'exception prévue au paragraphe 2 de l'article 8 ci-après.

Sur chacun des lots et parmi les éléments de la ou de l'une des coulées qui le constituent, les agents du contrôle prélèvent un échantillon ; ce prélèvement devra être fait de manière que la composition chimique de l'échantillon corresponde à la composition moyenne de la coulée dont il provient (3). A cet effet, le prélèvement d'analyse comportera un nombre suffisant de fragments concourant pour une part égale à la prise finale.

Les agents réceptionnaires envoient l'échantillon ainsi prélevé à la direction des forges pour être analysé par les soins de la section technique de l'artillerie en ce qui concerne les ferro-silicium, et par l'atelier de construction de Bourges pour les fontes.

Les échantillons prélevés doivent comprendre environ 300 grammes de limaille ou fragments aussi menus que possible ; ils doivent être parfaitement exempts de rouille.

La moitié des fragments, soit 150 grammes environ, est envoyée à la direction des forges dans des flacons ou des sachets en toile gommée ou papier parcheminé.

L'autre moitié est conservée par les agents réceptionnaires pour servir, s'il y a lieu, à la contre-analyse que le fournisseur pourrait demander en cas de rebut.

---

(1) Voir article 5, dernier alinéa, page 6, ce qui concerne la séparation de la fonte par coulée.

(2) Les fournitures de mouleries de fonte ne sont qu'exceptionnellement soumises à des conditions d'analyse chimique.

(3) Voir article 8, paragraphe 2, page 13, les prescriptions spéciales relatives au ferro-silicium à teneur variable.

La contre-analyse sera exécutée, s'il y a lieu, par le laboratoire de la section technique de l'artillerie.

Les échantillons destinés à l'analyse ne sont pas payés au fournisseur.

Les cahiers des charges spéciales (1) indiquent les éléments à doser et les teneurs pour cent maxima, minima, moyennes imposées pour ces éléments.

En ce qui concerne la fonte, les analyses communiquées par le fournisseur pour la ou les coulées composant un lot de réception sont tenues pour exactes si le résultat de l'analyse ne diffère pas, pour chacun des éléments dosés, de plus du dixième de la teneur annoncée pour la coulée d'où provient l'échantillon.

Si la différence sur l'un quelconque des éléments dosés dépasse cette proportion, des échantillons sont prélevés sur toutes les autres coulées composant le lot de réception et la réception ou le rebut de chacune des coulées est prononcé d'après les résultats de la nouvelle analyse faite au laboratoire de la section technique de l'artillerie.

En ce qui concerne le ferro-silicium, les résultats de l'analyse du laboratoire de la section technique de l'artillerie sont, dans tous les cas, seuls tenus pour exacts. Toutefois, si ces résultats diffèrent, pour chacun des éléments dosés, de plus du vingtième de la teneur indiquée par le fournisseur, celui-ci a toujours le droit de réclamer une contre-analyse. Celle-ci sera effectuée par le laboratoire de la section technique de l'artillerie et portera sur un nombre double d'échantillons.

Pour chaque lot ou fraction de lot (2) et pour chaque élément à doser, les résultats des analyses et contre-analyses seront réunis et rangés par ordre de grandeur.

On éliminera les termes extrêmes de la série ainsi formée, s'ils s'écartent de plus de 0,5 p. 100 du terme immédiatement voisin, et l'on prendra pour composition du lot, en ce qui concerne l'élément à doser, la moyenne des termes restants.

Ces dispositions s'appliquent tout particulièrement lorsque le ferro-silicium est demandé avec indication d'une teneur maxima seulement, les résultats de l'analyse devant alors servir au

---

(1) Les conditions imposées pour un certain nombre de types de fonte, les plus employés par le service de l'artillerie, sont indiquées par une annexe au présent cahier des charges communes. Lorsqu'il s'agit de fournir des fontes de ces types, les cahiers des charges spéciales les désignent par leurs lettres caractéristiques, et il y a lieu de se reporter à l'annexe précitée, en ce qui concerne les conditions de réception.

(2) Fraction de 1,000 kilogr. de silicium pur dans le cas de fournitures de silicium à teneur variable.

règlement de la fourniture dans les conditions indiquées au paragraphe 2 de l'article 8 ci-après.

Article 4.

PROPRIÉTÉS MÉCANIQUES DES PRODUITS.

Lorsque des conditions relatives aux propriétés mécaniques sont imposées, elles consistent en essais de choc, et, dans certains cas particuliers, en essais de flexion et même de traction.

§ 1er. — *Essais de choc.*

La résistance de la fonte est éprouvée au choc au moyen de l'appareil dit « appareil des chemins de fer ».

Dans cet appareil, l'enclume a un poids de 800 kilogr. et repose sur un massif en maçonnerie.

Les barreaux d'épreuve sont placés sur deux couteaux en acier, espacés de 16 centimètres, et le mouton, qui a un poids de 12 kilogr., tombe exactement sur le milieu. On devra veiller à ce qu'il n'y ait, sur la face d'appui, aucune saillie qui, reposant sur les couteaux, puisse s'écraser sous le choc du mouton et amortir en partie l'effet de ce choc.

Les barreaux ont une section carrée de 40^{mm} environ de côté et une longueur de 200^{mm}. On devra rejeter tout barreau dont l'une des dimensions transversales dépasserait 40^{mm},5.

Les lots de réception sont constitués comme il est dit à l'article 3 ci-dessus, suivant qu'il s'agit de fonte en gueuses ou de mouleries de fonte.

Lorsqu'il s'agit de fonte en gueuses, les barreaux sont obtenus en refondant au creuset des fontes de première fusion provenant des coulées directes du haut fourneau sans addition d'aucune sorte.

Lorsqu'il s'agit de mouleries de fonte de deuxième fusion, les barreaux d'épreuve sont pris dans le courant de chaque coulée et au moment où les agents réceptionnaires le jugent convenable.

Les barreaux sont, dans tous les cas, coulés debout dans un moule en sable passé au noir liquide et étuvé, avec une masselotte de même équarrissage, longue de 10 centimètres, joignant le bout du barreau proprement dit par un étranglement permettant de l'en séparer par un coup de marteau.

Les conditions auxquelles doivent satisfaire les barreaux, ainsi que l'interprétation des résultats des essais, sont indiquées pour chaque espèce de produits, soit par l'article 6 du présent cahier.

des charges communes, soit par son annexe, soit par le cahier des charges spéciales à la fourniture.

Les hauteurs de chute indiquées sont toujours comptées à partir de la face supérieure du barreau jusqu'au point le plus bas du mouton.

§ 2. — *Essais de flexion.*

La résistance de la fonte à la flexion est éprouvée, s'il y a lieu, au moyen de l'appareil Monge.

Pour cette épreuve, les barreaux ont une longueur de 450^{mm} et une section carrée dont le côté mesure environ soit 80^{mm}, soit 40^{mm}, suivant le type adopté. Ils sont coulés dans les mêmes conditions que les barreaux de choc. On devra rejeter tout barreau dont l'une des dimensions transversales dépasserait respectivement 80^{mm},5 ou 40^{mm},5.

La distance des deux points d'appui est de 150^{mm}; la distance du point d'application des poids au point d'appui le plus rapproché est de 2 mètres (barreaux de 80^{mm}) ou de 1^{m},50 (barreaux de 40^{mm}).

Les poids auxquels doivent résister les barreaux sont indiqués soit par l'article 6 du présent cahier des charges communes, soit par le cahier des charges spéciales.

Ces poids doivent être obtenus par des accroissements graduels.

Dans les poids d'épreuve sont compris les poids du levier, du plateau et des accessoires ramenés à 2 mètres (barreaux de 80^{mm}) ou à 1^{m},50 (barreaux de 40^{mm}).

§ 3. — *Essais de traction.*

Lorsque des conditions de résistance à la traction sont imposées, les essais sont faits au moyen de barreaux conformes au type ci-dessous indiqué, dans lequel le diamètre de la partie utile est de 25^{mm},25 et la distance entre repères de 50^{mm}.

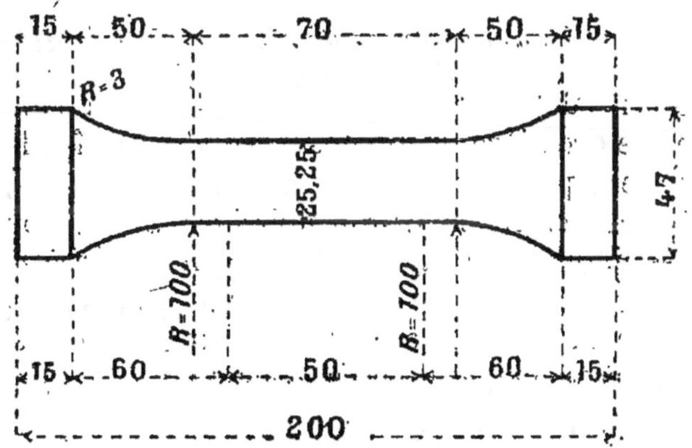

Ces barreaux sont obtenus en tournant de petits lingots cylindriques de 50^{mm} de diamètre coulés comme il est dit pour les barreaux destinés à l'épreuve de choc.

Article 5.

CONDITIONS SPÉCIALES CONCERNANT LA FONTE EN GUEUSES.

Outre les conditions de composition chimique ou de propriétés mécaniques qui sont fixées pour chaque type de fonte, soit par l'annexe au présent cahier des charges communes, soit par le cahier des charges spéciales, la fonte en gueuses doit satisfaire aux conditions indiquées ci-après :

Les gueuses doivent avoir un poids compris entre 30 et 60 kilogr.

Chaque fois que le cahier des charges spéciales le spécifie, elles doivent présenter des amorces de rupture permettant de les séparer facilement en morceaux de 15 kilogr. environ.

Les surfaces des gueuses doivent être dégagées de gros sable, scories ou escarbilles.

Enfin, dans les expéditions, les gueuses doivent être séparées par coulées et porter, si c'est nécessaire, des marques distinctives à la peinture, permettant de former, à leur arrivée à l'établissement destinataire, autant de tas que de coulées.

Article 6.

CONDITIONS SPÉCIALES CONCERNANT LES MOULERIES DE FONTE.

On distingue les mouleries de fonte en mouleries de fonte ordinaire, de fonte spéciale et de fonte à canon. De plus, des conditions particulières sont imposées en ce qui concerne les projectiles en fonte.

§ 1er. — *Dispositions applicables aux diverses catégories de mouleries.*

Les mouleries de fonte doivent être coulées en deuxième fusion et les fontes de première fusion destinées à être refondues doivent être de première qualité.

La fonte de deuxième fusion doit être grise, douce, homogène; elle doit pouvoir être burinée, limée, forée et taraudée facilement.

Le moulage est fait en sable; on peut toutefois autoriser le moulage en terre pour les grosses pièces.

Toutes les pièces en fonte doivent être de formes régulières, sans gauche, torsion ni voilure, les surfaces planes bien dressées, les courbes conformes aux tracés.

Elles doivent être sans soufflures ni cavités intérieures, sans dépression ni ravalements, sans dartres, taconnages, amas de sable ou de crasses, etc...

Les surfaces seront parfaitement dépouillées de sable ou de terre de moulage et bien unies, les arêtes vives et régulières, le fond des angles rentrants net et parfaitement dépouillé, les coutures fines, bien raccordées et ébarbées avec soin, etc...

Toutefois, on pourra tolérer, dans les parties où on le jugera sans danger pour la résistance des pièces, des soufflures, taconnages, ravalements, etc..., quand leurs dimensions ne dépasseront pas une certaine limite laissée à l'appréciation des agents réceptionnaires.

Les mouleries dans lesquelles l'usinage mettrait à découvert des défauts, tels que soufflures, criques, amas de crasses, etc..., seront rebutées et remplacées par le fournisseur et à ses frais. Si ces défauts sont mis à découvert par l'usinage, dans l'établissement destinataire, les frais de transport des pièces rebutées et des pièces de remplacement seront aux frais du fournisseur.

§ 2. — *Mouleries de fonte ordinaire.*

Les mouleries de fonte ordinaire sont soumises à des essais de choc (voir article 4, § 1).

Les hauteurs de chute du boulet croîtront de 5 en 5 centimètres à partir de 35 centimètres jusqu'à rupture complète. Le barreau devra résister à une hauteur de chute de 40 centimètres.

On prépare quatre barreaux de choc par coulée.

Un des barreaux de 40^{mm}, au choix de l'agent réceptionnaire, est essayé au choc; s'il résiste, la coulée est acceptée en ce qui concerne cette épreuve; s'il est brisé et s'il est sain, la coulée est rebutée sans autre examen.

S'il n'est pas sain, ce qu'on reconnaît à l'inspection de la cassure, on éprouve un deuxième barreau; si celui-ci résiste, la coulée est acceptée; s'il est brisé et sain, elle est refusée; s'il a des défauts, on en éprouve un troisième.

Les quatre barreaux pourront être successivement éprouvés; mais, si le dernier est brisé, la coulée est rejetée, lors même que ce barreau ne serait pas sain.

Si le fournisseur le demande, on peut ne prendre qu'un ou deux barreaux par coulée. Dans ce cas, la coulée est acceptée si l'un des barreaux résiste à l'épreuve. Elle est rebutée si le dernier barreau essayé ne résiste pas, lors même que ce barreau aurait des défauts dans la cassure.

Dans tous les cas, la coulée est rebutée si un barreau sain ne résiste pas à l'épreuve.

§ 3. — *Mouleries de fonte spéciale.*

Les mouleries de fonte spéciale sont soumises à des essais de choc et à des essais de flexion (voir article 4, §§ 1 et 2).

Essai de choc. — Les conditions imposées pour l'essai de choc sont celles indiquées pour les mouleries de fonte ordinaire au paragraphe 2 du présent article.

Épreuve à la flexion. — Les barreaux d'épreuve à la flexion, soumis à l'appareil Monge, doivent supporter sans se rompre un poids élevé graduellement jusqu'à 960 kilogr. pour les barreaux de 80^{mm} de côté et jusqu'à 160 kilogr. pour les barreaux de 40^{mm} de côté.

On prépare trois barreaux de flexion par coulée.

L'interprétation des essais de flexion est faite comme celle des essais de choc en opérant avec les trois barreaux de flexion, comme il a été dit pour les quatre barreaux de choc.

Si le fournisseur le demande, on peut également ne prendre pour les essais de flexion qu'un ou deux barreaux par coulée et on se conforme alors, pour l'interprétation des essais, aux règles indiquées ci-dessus, dans ce cas particulier, pour l'épreuve de choc.

§ 4. — *Mouleries de fonte à canon.*

Les mouleries de fonte à canon sont soumises à des essais de choc, à des essais de flexion et à des essais de traction (voir article 4, §§ 1, 2 et 3).

Essais de choc. — Pour les essais de choc, les hauteurs de chute du boulet croîtront de 5 en 5 centimètres depuis 30 centimètres jusqu'à rupture complète. Le barreau doit résister à une hauteur de chute de 50 centimètres.

On prépare six barreaux de choc par coulée.

La moitié au moins des barreaux de choc doit satisfaire aux conditions imposées, sinon la coulée est rebutée.

Épreuve à la flexion. — L'épreuve à la flexion est exécutée dans les conditions indiquées au paragraphe 3 du présent article pour les mouleries de fonte spéciale.

Essais de traction. — Pour les essais de traction, on prépare six barreaux par coulée. Le barreau d'épreuve à la traction ne doit pas se rompre sous une charge inférieure à 18 kilogr. par millimètre carré de section.

La moitié au moins des barreaux préparés doit satisfaire à cette condition, sinon la coulée correspondante est rebutée.

§ 5. — *Projectiles en fonte.* — *Particularités relatives aux projectiles coulés avec ceinture.*

Les projectiles en fonte sont soumis à des essais de choc (voir article 4, § 1).

Les barreaux d'épreuve ne devront pas se rompre sous une hauteur de chute du mouton qui sera de 28 centimètres pour les obus ordinaires et les projectiles cylindriques, et qui sera fixée, pour les projectiles d'autres modèles, par le cahier des charges spéciales.

On prépare quatre barreaux de choc par coulée.

L'interprétation des essais est faite dans les conditions indiquées au paragraphe 2 du présent article pour les mouleries de fonte ordinaire.

Les projectiles seront conformes aux tracés indiqués dans les cahiers des charges spéciales, en tenant compte des tolérances fixées par ces tracés.

Tout projectile qui ne satisfera pas, dans toutes ses parties, à ces tolérances sera rebuté.

Les projectiles seront livrés bruts de fonte, la lumière taraudée et le méplat arasé de manière à être perpendiculaire à l'axe du projectile.

Les projectiles seront coulés la lumière en-dessus, à la remonte, avec une masselotte.

Ils ne seront déballés que deux heures au moins après chaque coulée.

Sous aucun prétexte, on ne videra les projectiles en les frappant avec un marteau.

Tous les projectiles rebutés, de chaque coulée, seront cassés, et, s'il est reconnu que la fonte présente des soufflures, la coulée tout entière sera rebutée.

La fabrication devra être conduite de façon que les obus de chaque coulée soient présentés à la recette par coulées distinctes.

Les obus rebutés de diverses coulées ne devront pas être mêlés avant qu'on les ait tous brisés. Pour arriver à ce résultat, il sera nécessaire que les différentes opérations de la fabrication et de la réception se succèdent très régulièrement.

Les lumières des projectiles reçus seront bouchées avec des tampons en bois tendre, graissés et vissés, et dépassant la tranche de 2 centimètres au moins.

La fabrication ne devra commencer que lorsque l'outillage sera parfaitement réglé dans toutes ses parties.

Si, au cours de la fabrication, l'examen des projectiles fait reconnaître des défauts dus à l'outillage, le soumissionnaire devra immédiatement le remplacer, le modifier ou le réparer.

A partir du moment où la fabrication sera réglée, toute coulée qui donnera plus de 20 p. 100 de rebuts sur le nombre de projectiles coulés sera tout entière rebutée.

La période de réglage de la fabrication ne devra pas s'étendre au delà du premier dixième de la fourniture. S'il en était autrement, le marché pourrait être résilié par application des dispositions du paragraphe 4º de l'article 40 du cahier des clauses et conditions générales du 16 février 1903.

Les obus qui, dans les essais faits dans les établissements destinataires, laisseraient passer de la vapeur d'eau en arrière de la ceinture ou de son emplacement, ou au culot, seront remplacés aux frais du fournisseur, transport compris.

Il en sera de même pour les projectiles dans lesquels l'usinage mettrait à découvert des défauts, tels que soufflures, criques, amas de crasses, etc...

Particularités relatives aux projectiles coulés avec ceinture.

Lorsque les cahiers des charges spéciales le spécifieront, les projectiles seront coulés avec leur ceinture. Ils devront alors satisfaire à toutes les conditions indiquées ci-dessus et, en outre, à celles indiquées ci-après :

Les ceintures seront en cuivre rouge et devront satisfaire aux conditions imposées pour ces sortes de produits par le cahier des charges générales pour la fourniture du cuivre rouge en lingots et en plaques, etc..., approuvé le 6 mai 1908.

Elles subiront une première réception dans l'usine productrice, mais cette réception ne sera que provisoire.

Dans aucun cas, on ne pourra réemployer les ceintures des obus rebutés.

Le corps des projectiles et le culot devront être moulés dans le même châssis, pour éviter les projectiles mâcheux à la ceinture.

Les ceintures en cuivre devront être adhérentes et sans ballottement, autant que possible, sans qu'on soit obligé d'obtenir cette adhérence par une action mécanique postérieure à la coulée.

Pour empêcher l'altération des ceintures, on emploiera des rondelles de refroidissement, d'un seul morceau, qui seront aussi bien ajustées que possible sur les ceintures ; ces rondelles seront de préférence en cuivre. Toutefois, il pourra être employé des rondelles de refroidissement composées d'une rondelle intérieure en cuivre ajustée sur une rondelle extérieure en fer, ou des rondelles à courant d'eau.

Si les rondelles employées donnent de mauvais résultats, on devra les remplacer à la première réquisition des agents réceptionnaires.

Les ceintures de tous les obus rebutés de chaque coulée seront cassées, pour s'assurer que le cuivre n'est pas altéré. S'il y a altération du cuivre sur plus de 5 p. 100, la coulée tout entière sera rebutée.

On s'assurera en même temps que la fonte ne s'est pas trempée au contact de la ceinture. S'il était reconnu qu'elle s'est trempée, la coulée entière serait rebutée.

Pour éviter toute dégradation de la ceinture dans le transport, les projectiles seront empaillés avec beaucoup de soin ; les brins de paille, croisés sous le culot et le couvrant entièrement, seront relevés tout autour du projectile et serrés fortement au-dessus de la ceinture avec du fil de fer ou de la bonne ficelle.

L'empaillage devra être d'une épaisseur suffisante pour éviter toute dégradation de la ceinture.

Article 7.

MARQUES A APPOSER SUR LES MOULERIES DE FONTE.

Les mouleries reçoivent les marques suivantes :

1º Marque du fournisseur ;
2º Nom de l'usine ;
3º Millésime de la fabrication ;
4º Initiale de l'arrondissement du service des forges dont dépend l'usine ;

} Venues de fonte, les deux premières disposées sur une ou plusieurs lignes et mises en entier ou par leurs initiales, suivant l'importance et la forme des pièces.

5º Poinçon de l'agent réceptionnaire.

Les pièces en fonte de petites dimensions ne reçoivent que le poinçon de l'agent réceptionnaire.

Les projectiles porteront sur le culot les marques suivantes :

1o Initiale de l'usine ;
2o Initiale du maître de forges ;

Ces deux marques séparées par un point ; si l'une de ces deux marques comporte plusieurs lettres, il ne doit y avoir aucune séparation entre ces lettres et le point n'est mis qu'après la dernière lettre de l'usine.

3o Millésime de la fabrication ;
4o Initiale de l'arrondissement du service des forges dont dépend l'usine ;
5o Poinçon de l'agent réceptionnaire.

Ces marques se succéderont dans l'ordre où elles viennent d'être énumérées et devront être très lisibles.

Elles viendront de fonte, en creux, à l'exception du poinçon de l'agent réceptionnaire.

Exemple :

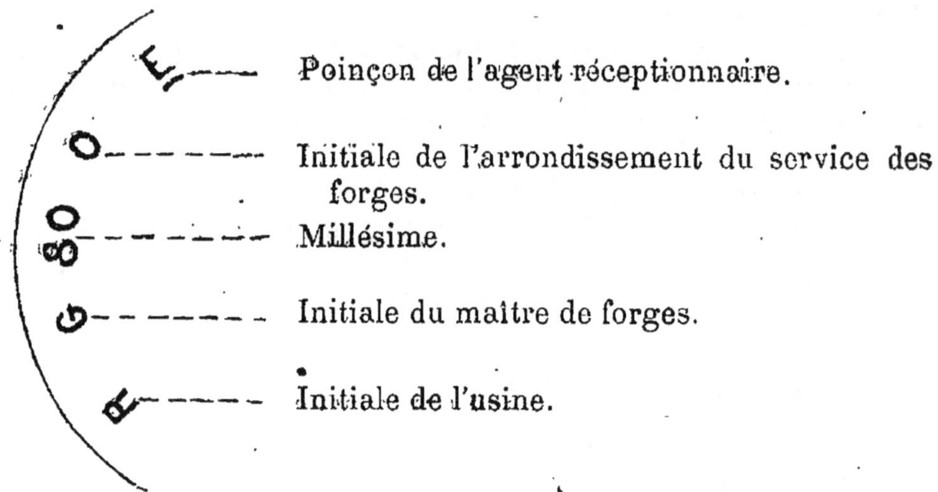

Poinçon de l'agent réceptionnaire.

Initiale de l'arrondissement du service des forges.

Millésime.

Initiale du maître de forges.

Initiale de l'usine.

Article 8.

CONDITIONS SPÉCIALES CONCERNANT LE FERRO-SILICIUM.
BASES DU RÈGLEMENT DES COMPTES.

Les fournitures de ferro-silicium seront faites, soit en alliage à une teneur de silicium déterminée par le cahier des charges spéciales, soit en alliage à une teneur qui peut varier jusqu'à une certaine limite, au gré du fournisseur, à la condition que la quantité de silicium pur livré soit celle indiquée par le cahier des charges spéciales.

Dans les deux cas, l'alliage ou la fourniture doit toujours contenir une certaine proportion de manganèse qui, à moins de stipulations contraires, peut varier entre 20 et 40 p. 100 de la quantité totale de silicium.

§ 1er. — *Fournitures de ferro-silicium à teneur déterminée.*

Dans le cas des fournitures de ferro-silicium à teneur déterminée, la soumission donne le prix offert par 100 kilogr. de l'alliage comprenant le silicium, le manganèse et la fonte qui le composent.

L'analyse chimique exécutée conformément aux indications de l'article 3 du présent cahier des charges communes a simplement pour but de s'assurer que les proportions de chacun des composants rentrent dans les limites imposées.

§ 2. — *Fournitures de ferro-silicium à teneur variable.*

Dans le cas des fournitures de ferro-silicium à teneur variable et si celui offert contient une proportion de manganèse inférieure à celle exigée, la fourniture devra être complétée par la livraison d'une certaine quantité de ferro-manganèse, de façon que la quantité totale de manganèse livrée atteigne, pour l'ensemble de la fourniture, la proportion indiquée ci-dessus ou celle spécifiée par le cahier des charges spéciales.

Dans ce cas, et par modification aux dispositions de l'article 3 précité, la teneur en silicium et en manganèse sera constatée au moyen de l'analyse faite au laboratoire de la section technique de l'artillerie, sur des échantillons prélevés sur la fourniture par les agents réceptionnaires, à raison de deux par fraction de 1,000 kilogr. de silicium pur contenu dans la fourniture. On prendra, pour la teneur de chaque fraction, la moyenne des teneurs des deux échantillons ainsi prélevés. En cas de désaccord avec le fournisseur au sujet du résultat obtenu, on se conformera d'ailleurs aux indications des quatre derniers alinéas de l'article 3 susvisé, la contre-analyse portant sur quatre nouveaux échantillons prélevés dans chaque fraction de 1,000 kilogr. de silicium pur.

Les fractions d'appoint de fournitures et les fournitures comportant une quantité de silicium pur inférieure à 1,000 kilogr. seront traitées comme une fraction de 1,000 kilogr. au point de vue du nombre des analyses à effectuer.

Le décompte de la valeur de la fourniture sera fait d'après la teneur en silicium reconnue à la section technique de l'artillerie.

A cet effet, le soumissionnaire devra indiquer séparément dans sa soumission le prix aux 100 kilogr. du silicium pur d'une part, et de l'ensemble fonte et manganèse d'autre part, ainsi que le poids total de cet ensemble fonte et manganèse, résultant de la teneur en silicium du ferro-silicium qu'il se propose de fournir et de la proportion de manganèse qu'il contient.

Le manganèse sera toujours payé au prix de la fonte, qu'il soit livré incorporé dans le ferro-silicïum ou sous forme de ferro-manganèse.

La comparaison entre les soumissions s'évaluera au moyen de la valeur totale de la fourniture calculée d'après ces prix et d'après le poids de silicium pur à fournir et le poids de fonte et de manganèse qui l'accompagnent.

Par exemple, il est demandé 6,000 kilogr. de silicium pur avec la condition que la teneur en manganèse de la fourniture soit du tiers environ (20 à 40 p. 100) de la teneur en silicium; un soumissionnaire offre d'assurer la fourniture en ferro-silicium à teneur de 25 p. 100 de silicium ne contenant pas de manganèse et de livrer les 2,000 kilogr. de manganèse que doit comporter la fourniture sous forme de 8,000 kilogr. de ferro-manganèse à 25 p. 100; le poids total de l'ensemble fonte et manganèse contenu dans la fourniture sera de :

$$\frac{100 - 25}{25} \times 6,000 + 8,000 = 26,000 \text{ kilogr.}$$

La soumission indiquera le prix des 100 kilogr. de silicium pur (80 francs, par exemple), le prix des 100 kilogr. de l'ensemble fonte et manganèse (10 francs, par exemple) et le poids total de cet ensemble, 26,000 kilogr. Le montant total de la fourniture servant à la comparaison des soumissions sera calculé comme il suit :

6,000 kilogr. à 80 francs les 100 kilogr. 4,800 francs.
26,000 kilogr. à 10 francs les 100 kilogr. 2,600 —

Montant total de la fourniture. 7,400 francs.

ANNEXE

*indiquant les conditions imposées pour la fourniture des princi-
paux types de fonte en gueuses employés par le service de
l'artillerie.*

§ 1. — *Fonte A.* — Il n'est pas imposé d'essais de choc.
La composition chimique doit satisfaire aux conditions suivantes :

      Silicium : teneur comprise entre 1,50 et 3 p. 100.
      Manganèse : 1,50 p. 100 au maximum.
      Soufre : 0,08 p. 100 au maximum.
      Phosphore : 0,15 p. 100 au maximum.

§ 2. — *Fonte B.* — Il n'est pas imposé d'essais de choc.
La composition chimique doit satisfaire aux conditions suivantes :

      Silicium : 1,50 p. 100 au maximum.
      Manganèse : 1,50 p. 100 au maximum.
      Soufre : 0,08 p. 100 au maximum.
      Phosphore : 0,15 p. 100 au maximum.

§ 3. — *Fonte LP* (fonte phosphoreuse). — Il n'est pas imposé
d'essais de choc.
La composition chimique doit satisfaire aux conditions suivantes :

      Silicium : teneur comprise entre 1,50 et 3,50 p. 100.
      Manganèse : 1,50 p. 100 au maximum.
      Soufre : 0,05 p. 100 au maximum.
      Phosphore : 1 p. 100 au minimum.

§ 4. — *Fonte AM.* — Il n'est pas imposé d'essais de choc.
La composition chimique doit satisfaire aux conditions suivantes :

      Silicium : 1,75 à 3 p. 100 pour les différentes coulées,
        et 2 p. 100 au minimum pour la moyenne de chaque lot.
      Manganèse : 1,50 p. 100 au maximum.
      Soufre : 0,05 p. 100 au maximum.
      Phosphore : 0,09 p. 100 au maximum.

§ 5. — *Fonte BM.* — La composition chimique doit satisfaire
aux conditions suivantes :

      Silicium : 1 à 1,75 p. 100 pour les différentes coulées,
        et 1,50 p. 100 au maximum pour la moyenne de chaque
        lot.

Manganèse : 1,50 p. 100 au maximum.
Soufre : 0,05 p. 100 au maximum.
Phosphore : 0,09 p. 100 au maximum..

En outre, la fonte est soumise à des essais de choc qui sont exécutés comme il est dit au paragraphe 2 de l'article 6 du cahier des charges communes pour les mouleries de fonte ordinaire.

§ 6. — *Fonte D.* — La composition chimique doit satisfaire aux conditions suivantes :

Manganèse : 1 à 2 p. 100.
Soufre : 0,1 p. 100 au maximum.
Phosphore : 0,5 p. 100 au maximum.

En outre, la fonte est soumise à des essais de choc qui sont exécutés comme il est dit au paragraphe 2 de l'article 6 du cahier des charges communes pour les mouleries de fonte ordinaire, sauf que les barreaux ne sont soumis qu'à un seul coup de mouton correspondant à une hauteur de chute de 40 centimètres.

§ 7. — *Fonte E.* — Cette fonte n'est soumise qu'à des essais de choc.

La hauteur de chute du boulet croîtra de centimètre en centimètre depuis 28 centimètres. Le barreau devra résister à une hauteur de chute de 35 centimètres.

On se conforme, pour le nombre des barreaux à essayer et pour l'interprétation des essais, aux conditions fixées au paragraphe 2 de l'article 6 du cahier des charges communes pour les mouleries de fonte ordinaire.

§ 8. — *Fonte F.* — La composition chimique de la fonte doit satisfaire aux conditions suivantes :

Soufre : 0,1 p. 100 au maximum.
Phosphore : 0,2 p. 100 au maximum.

En outre, la fonte est soumise à des essais de choc. La hauteur de chute du boulet croîtra de centimètre en centimètre depuis 28 centimètres.

On essayera quatre barreaux, la moyenne des hauteurs de chute qui auront déterminé la rupture ne devra pas être inférieure à 36 centimètres et aucun barreau sain ne devra être brisé pour une hauteur de chute de 32 centimètres.

TABLE DES MATIÈRES

Paris et Limoges. — Imprimerie militaire CHARLES-LAVAUZELLE.

Imprimerie militaire
Henri CHARLES-LAVAUZELLE
PARIS ET LIMOGES

www.ingramcontent.com/pod-product-compliance
Lightning Source LLC
Chambersburg PA
CBHW051421060726

47596CB00005B/2314